美好的 童年
CHILDHOOD
Is a GREAT JOURNEY

by
ANDREA VOON

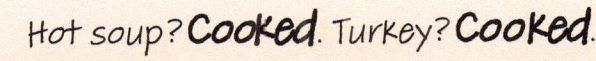

Hot soup? **Cooked**. Turkey? **Cooked**.

Let's preheat the big oven, and bake a birthday cake.

Tea and coffee... Cupcakes and ice creams...

We're ready for a tea party when mummy takes her break.

kàn kan wǒ zuò de dà dàn gāo
看看我做的大蛋糕，

shāo yì hú kāi shuǐ bǎ chá pào
燒一壺開水把茶泡。

Chī a chī hē a hē
吃呀吃、喝呀喝，

xiǎo xiǎo de dù zi zěn huì bǎo
小小的肚子怎會飽？

washing and cooking while sipping on our milkshake.
Eating and laughing until we have a stomach ache.

Suān tián kǔ là gè zhǒng wèi dào
酸甜苦辣各種味道，
xǐ qiè chǎo zhǔ gè sè cài yáo
洗切炒煮各色菜餚。
Pǐn yi pǐn　cháng yi cháng
品一品、嘗一嘗，
xiǎo chú fáng yáng yì zhe ài hé huān xiào
小廚房洋溢著愛和歡笑。

大手、小手琴鍵敲；
Dà shǒu xiǎo shǒu qín jiàn qiāo

高音、低音琴弦掃。
gāo yīn dī yīn qín xián sǎo

彈呀彈、唱呀唱，
Tán a tán chàng a chàng

怎麼還是這首歌謠？
zěn me hái shì zhè shǒu gē yáo

White keys, black keys... Do-re-mi-fa-so-
Let's form a music band, and play our favorite song.
High notes, low notes... So-fa-mi-re-do-
Tapping and clapping, and repeat all day long.

One, two, three, four... Sing our happy song loud and strong.
Move it... Groove it... Skip around a circle, and dance along.

Yīn yuè xiǎng qǐ qún bǎi piāo yáo
音樂響起裙擺飄搖，
gēn zhe jié pāi shǒu wǔ zú dǎo
跟著節拍手舞足蹈。
Zuǒ zhuǎn zhuan yòu tiào tiao
左轉轉、右跳跳，
Chàng chang tiào tiao bù zǒu diào
唱唱跳跳不走調。

Tweezers? **Set!** Bandages? **Set!**
Daddy sprained his ankle in a soccer game.
Stethoscope? **Cleaned!** Thermometer? **Cleaned!**
We're ready for the next patient, **PLEASE** call out her name.

Bà ba tī qiú shí niǔ shāng le jiǎo
爸爸踢球時扭傷了腳，
xiǎo hù shì bāng máng xiāo dú shàng yào
小護士幫忙消毒上藥。
Chuī yi chuī hē yi hē
吹一吹、呵一呵，
hái yǒu shuí xū yào jiē shòu zhì liáo
還有誰需要接受治療？

Here are your medicines, **PLEASE** drink more water.
Take a good bed rest, and you'll be better.

Mèi mei huàn shang le liú xíng gǎn mào
妹妹患上了流行感冒，
xiǎo yī shēng dīng níng tā àn shí chī yào
小醫生叮嚀她按時吃藥。
Liáng yi liáng tàn yi tàn
量一量、探一探，
wá wa zěn me hái méi tuì shāo
娃娃怎麼還沒退燒？

Oranges? **YES**! Apples? **NO**!
Let's be a smart helper at the mini-mart.
Cookies? **Here**! Fresh milk? **There**!
We're ready for the checkout with a heavy cart.

採購小幫手來效勞，
推著購物車團團繞。
左走走、右逛逛，
戰利品堆得比山高！

Which toy is cheaper? Which treat is tastier?
One hundred dollars, and **THANK YOU**, dear cashier.

Wán jù　　líng shí quán bù　dōu yào
玩具、零食全部都要。

Jià gé　　　pǐn zhì xì xīn bǐ jiào
價格、品質細心比較。

Jiā yi jiā　　jiǎn yi jiǎn
加一加、減一減，

yì　bǎi kuài qián shèng xia duō shǎo
一百塊錢剩下多少？

Up and down, in and out...
Brush your little teeth twice a day.
CAVITIES! Keep at bay!
Call it a day, and hit the hay.

Ná zǒu líng shí jǐ shang yá gāo
拿走零食擠上牙膏，
Gǎn zou zhù yá jūn yǒu gāo zhāo
趕走蛀牙菌有高招。
qīn yi qīn bào yi bào
親一親、抱一抱，
yè lǐ nǎ pà chuáng shī dīng yǎo
夜裏哪怕床虱叮咬？

Veggies and fruits; Eggs and meats.
I'm **NOT** picky, and I clean up my plate!
Did I grow **taller**? Did I get **heavier**?
As tall as mum and dad! I just **CAN'T** wait!

Diàn zi chèng shang tái tóu zhàn hǎo
電子秤上抬頭站好，
shēn gāo bǎn shang huà xia jì hào
身高板上畫下記號。
Bǐ yi bǐ huà yi huà
比一比、畫一畫，
hé rì cái néng bǐ bà ba mā ma gāo
何日才能比爸爸媽媽高？

Red or yellow; Green or blue?
Let's choose a fun game to kick-start our date.
Whose turn is it now? Who is the winner?

The sky is gloomy, yet we're doing **GREAT**!

Yóu xì yíng le bú bì zì háo
遊戲贏了不必自豪，
yóu xì shū le bú bì jì jiào
遊戲輸了不必計較。

Yì jiā rén de yuē huì
一家人的約會，
wēn xīn hé mù zuì wéi zhòng yào
溫馨和睦最為重要！

Lunch box? **Checked**! Backpack? **Checked**!
"**HOORAY** for school!" Teddy cheers.
Goodbye, mom! Goodbye, dad!
Goodbye, little sis! Shed **NO** tears!

Ná qi biàn dang bèi qi shū bāo
拿起便當背起書包，
yáo yao xiǎo shǒu guà shang wéi xiào
搖搖小手掛上微笑。
Hǎo hái zi　　zhēn yǒng gǎn
好孩子，真勇敢，
Kāi kai xīn xīn zǒu jin xué xiào
開開心心走進學校。

CHILDHOOD is a great journey,
together with you,
we create lasting memories.

Měi hǎo de tóng nián
美好的童年，
yǒu nǐ men zài shēn biān
有你們在身邊
yì qǐ xiào yì qǐ nào
一起笑、一起鬧！

作者 Author

溫甘玉芬

當媽前，她是孩子們的甘老師，在常年暖和的熱帶雨林，與孩子一起學習中、英文，探索文字的奧秘；當媽後，她是孩子們的溫媽咪，在四季分明的北半球，與孩子一起感受春夏秋冬的更替，一起尋找美好的童年……

溫媽咪創作的靈感，源自於多年來的童言童語。

2021年，她成立了"溫室工作坊"，立志出版一系列的中、英雙語繪本，結合母語和第二語言，提倡親子趣讀。精通三語的溫媽咪理解每一種語言都有其獨特的藝術形式，因此創作的雙語繪本也各含韻味、各具特色。

Andrea Voon

Over the past few years, Andrea has learned and grown with her family as a full-time mother in Canada. Back in Malaysia, she worked as a teacher in Chinese immersion elementary school. In 2021, Andrea started her journey as a self-publisher. Growing up in a multilingual environment, Andrea loves the beauty of languages on their own. She has the vision to publish picture books to support bilingual families in raising their children in English and Chinese reading.

To Derek, Eliana, Alayna & Magnus Dominus

with love -- Andrea V.

備註：繪本中的"壁畫"源自溫室工作坊各成員的手作。

p/s: "Pictures on the wall" in this book are special art collection of

HEI Greenhouse Studio's members.

双语阅读，乐趣无穷！
BILINGUAL READING IS FUN!

Check out other bilingual picture books by Andrea Voon.